PATOS

ANIMALES DE GRANJA

Lynn M. Stone

Versión en español de Aída E. Marcuse

Rourke Enterprises, Inc.
Vero Beach, Florida 32964

FOTOS
Todas las fotografías pertenecen a la autora del libro.

AGRADECIMIENTOS
La autora agradece a las siguientes personas por la ayuda que
le brindaron en la preparación de libro: Dave Heffernan/ Aldea
Histórica de la Granja Blackberry, Aurora, IL
Marion Behling, St. Charles, IL

LIBRARY OF CONGRESS
Library of Congress Cataloging-in-Publication Data
Stone, Lynn M.
[Patos. Español]
    Patos / por Lynn M. Stone; versión en español de Aída E. Marcuse
    p. cm. — (Biblioteca Descubrimiento — Animales de Granja)
    Traducción de: Ducks.
    Incluye un índice.
    Resumen: Describe las características físicas, el medio
ambiente y las costumbres de los patos.
    ISBN 0-86592-953-X
    1. Patos—Literatura juvenil. [1. Patos.   2. Materiales en idioma
español.]
I. Título.   II. Series: Stone, Lynn M.
Biblioteca Descubrimiento — Animales de Granja.
SF505.3S7618   1991
636.5'97—dc20   91-20690
                            CIP
                            AC

ÍNDICE

PATOS

Los patos son pájaros regordetes, de patas cortas y pies palmeados, que prefieren estar en el agua más que en la tierra.

Los que viven en granjas son más lentos y pesados que los patos salvajes.

Los patos de granja, o **domésticos,** viven en corrales y pastoreos. Son criados por su carne, huevos y plumas.

Los patos son parientes de los gansos y los cisnes. Los gansos domésticos son mucho más pesados que los patos.

Probablemente fue en China donde primero se domesticaron los patos, hace más de 2.000 años.

Un ganso Embden

COMO SON LOS PATOS

Los patos domésticos más comunes en los Estados Unidos son los Pekín. Tanto los **patos** *(machos)* como las **patas** *(hembras)* son blancos.

Los Muscovy, que también abundan en las granjas, son blancos o de colores oscuros mezclados. Los machos de esta raza tienen una especie de verruga roja en el pico.

Los patos Pekín pesan unas 8 libras. Algunos patos domésticos pueden pesar hasta 16 libras.

El pato camina bamboleándose, porque tiene los pies muy separados y apuntando hacia adentro.

Pero en el agua, es un animal muy elegante.

Hembra de pato salvaje con sus patitos

DONDE VIVEN LOS PATOS

En muchas granjas de Norteamérica hay pavos y pollos, y también se crían algunos patos.

En Norteamérica, los patos no son considerados un alimento tan popular como los pavos y los pollos.

En los Estados Unidos, tres de cada cinco patos domésticos viven en Long Island, New York, donde están establecidas grandes granjas dedicadas a su crianza.

Los zoológicos para niños, los parques y la gente que produce **aves acuáticas** para exhibirlas, también crían patos domésticos.

Los patos tienen pies anchos y palmeados

DISTINTAS RAZAS DE PATOS

Las distintas clases de patos domésticos son llamadas **razas.** Cada una es diferente en tamaño, color, forma u otras características.

Todas evolucionaron a partir de dos razas de patos salvajes, capturadas por el hombre hace mucho tiempo.

La mayoría de los patos de granja de los Estados Unidos provienen de los patos salvajes **anas platyrhynchos.**

Los patos blancos Pekín también provienen de ellos.

De los patos Muscovy salvajes **cairina moschata,** de América del Sur, se originaron otras razas.

Los patos domésticos pueden ser tres veces más grandes que sus antepasados salvajes.

Macho del pato Muscovy

Pato Pekín

Patitos Muscovy

PATOS SALVAJES

Los patos salvajes viven en los lagos, lagunas, pantanos y las costas marinas de todo el mundo.

Uno de los más difundidos es el de "cabeza verde".

Existen unas ciento veinticinco clases de patos salvajes. Algunos de ellos son "zambullidores": meten la cabeza en el agua o se zambullen para alimentarse. Otros, como los patos marinos, bucean.

Los Muscovy, como los patos salvajes de los bosques de Norteamérica, son del tipo "encaramador"; y frecuentemente se posan en las ramas de los árboles.

Macho del pato salvaje de Cabeza Verde

PATITOS

Mamá pata **empolla,** o calienta, sus cinco a doce huevos durante un mes, antes de que nazcan los **patitos.** Éstos, apenas un día después de nacidos, ya pueden salir del nido.

Como los gansitos, pollitos y los cisnes, los patitos caminan y se alimentan solos a las pocas horas de nacer. Y pueden volar cuando tienen entre cinco y ocho semanas de edad.

Los patos salvajes viven varios años. Pero la mayoría de los patos domésticos de los Estados Unidos se venden como carne cuando tienen ocho semanas de edad.

Un nido de pato, forrado de plumón

COMO SE CRÍAN LOS PATOS

Los patos usan los ásperos bordes de sus picos para arrancar hierbas y sacar insectos del pasto y se zambullen para buscar las plantas que también son su comida.

En las grandes granjas, los granjeros controlan el alimento de los patos y les dan raciones con muchas proteínas para que alcancen a pesar siete libras en ocho semanas.

Entonces, los venden en el mercado.

La mayoría de los patos viven en lugares cercados en los que tienen cabañas o corrales.

Patos Pekín

QUE HACEN LOS PATOS

La mayoría de los granjeros proporcionan a sus patos un estanque o una laguna. Los patos flotan fácilmente porque sus plumas son impermeables.

Los patos ponen buen cuidado en mantenerlas así; mojándose el pico en el aceite que produce su cuerpo y pasándose después las plumas por él.

Esto se llama **acicalarse.** Al hacerlo, el pato mantiene sus plumas limpias e impermeables y el agua corre sobre ellas sin penetrarlas.

Los patos descansan con la cabeza metida en el lomo.

Patos Pekín acicalándose

PARA QUÉ SE USAN LOS PATOS

En los Estados Unidos, los patos se crían sobretodo por su carne, que es oscura y contiene más hierro y grasa que la de pollo o pavo.

Los huevos del pato no son tan apreciados en Estados Unidos como lo son en otros países. Los patos ponen muchos huevos. Los de la raza Campbell, suelen poner un huevo diario.

El suave plumón que le sirve al pato de "ropa interior" es muy buscado para rellenar almohadas, chaquetas y bolsas de dormir, porque es muy calentito.

GLOSARIO

acicalar — limpiar y aceitar las plumas cuidadosamente

ave acuática — los patos, gansos y cisnes de todo el mundo

doméstico — criado y amansado por el hombre

empollar — incubar los huevos, manteniéndolos calientes hasta
  que nazcan los patitos

pata — hembra del pato

patito — un pato recién nacido

pato — macho de la especie

raza — un grupo especial de animales desarrollado por el hombre;
  una clase de pato doméstico

ÍNDICE ALFABÉTICO